Personal Expense Tracker

Month: | **Year:**

Date:	Description Of Expense:	Payment Type:	Amount:

Personal Expense Tracker

Month:			Year:
Date:	Description Of Expense:	Payment Type:	Amount:

Personal Expense Tracker

Month: **Year:**

Date:	Description Of Expense:	Payment Type:	Amount:

Personal Expense Tracker

Month:			Year:
Date:	Description Of Expense:	Payment Type:	Amount:

Personal Expense Tracker

Month: | **Year:**

Date:	Description Of Expense:	Payment Type:	Amount:

Personal Expense Tracker

Month:			Year:
Date:	Description Of Expense:	Payment Type:	Amount:

Personal Expense Tracker

Month:			Year:
Date:	Description Of Expense:	Payment Type:	Amount:

Personal Expense Tracker

Month:			Year:
Date:	Description Of Expense:	Payment Type:	Amount:

Personal Expense Tracker

Month:			Year:
Date:	**Description Of Expense:**	**Payment Type:**	**Amount:**

Personal Expense Tracker

Month:			Year:
Date:	**Description Of Expense:**	**Payment Type:**	**Amount:**

Personal Expense Tracker

Month:			Year:
Date:	**Description Of Expense:**	**Payment Type:**	**Amount:**

Personal Expense Tracker

Month:			Year:
Date:	Description Of Expense:	Payment Type:	Amount:

Personal Expense Tracker

Month: | **Year:**

Date:	Description Of Expense:	Payment Type:	Amount:

Personal Expense Tracker

Month:			Year:
Date:	Description Of Expense:	Payment Type:	Amount:

Personal Expense Tracker

Month:			Year:
Date:	Description Of Expense:	Payment Type:	Amount:

Personal Expense Tracker

Month:		Year:	
Date:	**Description Of Expense:**	**Payment Type:**	**Amount:**

Personal Expense Tracker

Month: **Year:**

Date:	Description Of Expense:	Payment Type:	Amount:

Personal Expense Tracker

Month:		Year:	
Date:	**Description Of Expense:**	**Payment Type:**	**Amount:**

Personal Expense Tracker

Month:			Year:
Date:	Description Of Expense:	Payment Type:	Amount:

Personal Expense Tracker

Month:			Year:
Date:	Description Of Expense:	Payment Type:	Amount:

Personal Expense Tracker

Month:			Year:
Date:	Description Of Expense:	Payment Type:	Amount:

Personal Expense Tracker

Month:			Year:
Date:	Description Of Expense:	Payment Type:	Amount:

Personal Expense Tracker

Month:			Year:
Date:	Description Of Expense:	Payment Type:	Amount:

Personal Expense Tracker

Month:			Year:
Date:	Description Of Expense:	Payment Type:	Amount:

Personal Expense Tracker

Month: **Year:**

Date:	Description Of Expense:	Payment Type:	Amount:

Personal Expense Tracker

Month:		Year:	
Date:	Description Of Expense:	Payment Type:	Amount:

Personal Expense Tracker

Month:			Year:
Date:	Description Of Expense:	Payment Type:	Amount:

Personal Expense Tracker

Month:			Year:
Date:	Description Of Expense:	Payment Type:	Amount:

Personal Expense Tracker

Month:			Year:
Date:	**Description Of Expense:**	**Payment Type:**	**Amount:**

Personal Expense Tracker

Month:			Year:
Date:	Description Of Expense:	Payment Type:	Amount:

Personal Expense Tracker

Month: **Year:**

Date:	Description Of Expense:	Payment Type:	Amount:

Personal Expense Tracker

Month:		Year:	
Date:	Description Of Expense:	Payment Type:	Amount:

Personal Expense Tracker

Month: **Year:**

Date:	Description Of Expense:	Payment Type:	Amount:

Personal Expense Tracker

Month:			Year:
Date:	Description Of Expense:	Payment Type:	Amount:

Personal Expense Tracker

Month: **Year:**

Date:	Description Of Expense:	Payment Type:	Amount:

Personal Expense Tracker

Month:			Year:
Date:	Description Of Expense:	Payment Type:	Amount:

Personal Expense Tracker

Month: **Year:**

Date:	Description Of Expense:	Payment Type:	Amount:

Personal Expense Tracker

Month:			Year:
Date:	Description Of Expense:	Payment Type:	Amount:

Personal Expense Tracker

Month:			Year:
Date:	**Description Of Expense:**	**Payment Type:**	**Amount:**

Personal Expense Tracker

Month:			Year:
Date:	Description Of Expense:	Payment Type:	Amount:

Personal Expense Tracker

Month:			Year:
Date:	Description Of Expense:	Payment Type:	Amount:

Personal Expense Tracker

Month:			Year:
Date:	Description Of Expense:	Payment Type:	Amount:

Personal Expense Tracker

Month:			Year:
Date:	**Description Of Expense:**	**Payment Type:**	**Amount:**

Personal Expense Tracker

Month:			Year:
Date:	Description Of Expense:	Payment Type:	Amount:

Personal Expense Tracker

Month: **Year:**

Date:	Description Of Expense:	Payment Type:	Amount:

Personal Expense Tracker

Month:			Year:
Date:	Description Of Expense:	Payment Type:	Amount:

Personal Expense Tracker

Month: | **Year:**

Date:	Description Of Expense:	Payment Type:	Amount:

Personal Expense Tracker

Month:		Year:	
Date:	Description Of Expense:	Payment Type:	Amount:

Personal Expense Tracker

Month:			Year:
Date:	Description Of Expense:	Payment Type:	Amount:

Personal Expense Tracker

Month:			Year:
Date:	Description Of Expense:	Payment Type:	Amount:

Personal Expense Tracker

Month:			Year:
Date:	**Description Of Expense:**	**Payment Type:**	**Amount:**

Personal Expense Tracker

Month:		Year:	
Date:	Description Of Expense:	Payment Type:	Amount:

Personal Expense Tracker

Month: | | **Year:**

Date:	Description Of Expense:	Payment Type:	Amount:

Personal Expense Tracker

Month: | **Year:**

Date:	Description Of Expense:	Payment Type:	Amount:

Personal Expense Tracker

Month:			Year:
Date:	Description Of Expense:	Payment Type:	Amount:

Personal Expense Tracker

Month:			Year:
Date:	**Description Of Expense:**	**Payment Type:**	**Amount:**

Personal Expense Tracker

Month:			Year:
Date:	Description Of Expense:	Payment Type:	Amount:

Personal Expense Tracker

Month:			Year:
Date:	**Description Of Expense:**	**Payment Type:**	**Amount:**

Personal Expense Tracker

Month: | **Year:**

Date:	Description Of Expense:	Payment Type:	Amount:

Personal Expense Tracker

Month:			Year:
Date:	Description Of Expense:	Payment Type:	Amount:

Personal Expense Tracker

Month: **Year:**

Date:	Description Of Expense:	Payment Type:	Amount:

Personal Expense Tracker

Month:			Year:
Date:	**Description Of Expense:**	**Payment Type:**	**Amount:**

Personal Expense Tracker

Month:			Year:
Date:	**Description Of Expense:**	**Payment Type:**	**Amount:**

Personal Expense Tracker

Month:			Year:
Date:	Description Of Expense:	Payment Type:	Amount:

Personal Expense Tracker

Month: | **Year:**

Date:	Description Of Expense:	Payment Type:	Amount:

Personal Expense Tracker

Month:			Year:
Date:	Description Of Expense:	Payment Type:	Amount:

Personal Expense Tracker

Month: | | **Year:**

Date:	Description Of Expense:	Payment Type:	Amount:

Personal Expense Tracker

Month:			Year:
Date:	Description Of Expense:	Payment Type:	Amount:

Personal Expense Tracker

Month: **Year:**

Date:	Description Of Expense:	Payment Type:	Amount:

Personal Expense Tracker

Month:			Year:
Date:	Description Of Expense:	Payment Type:	Amount:

Personal Expense Tracker

Month:			Year:
Date:	**Description Of Expense:**	**Payment Type:**	**Amount:**

Personal Expense Tracker

Month:			Year:
Date:	Description Of Expense:	Payment Type:	Amount:

Personal Expense Tracker

Month: | | **Year:**

Date:	Description Of Expense:	Payment Type:	Amount:

Personal Expense Tracker

Month:			Year:
Date:	Description Of Expense:	Payment Type:	Amount:

Personal Expense Tracker

Month:			Year:
Date:	Description Of Expense:	Payment Type:	Amount:

Personal Expense Tracker

Month:			Year:
Date:	Description Of Expense:	Payment Type:	Amount:

Personal Expense Tracker

Month: **Year:**

Date:	Description Of Expense:	Payment Type:	Amount:

Personal Expense Tracker

Month:			Year:
Date:	Description Of Expense:	Payment Type:	Amount:

Personal Expense Tracker

Month: **Year:**

Date:	Description Of Expense:	Payment Type:	Amount:

Personal Expense Tracker

Month:			Year:
Date:	Description Of Expense:	Payment Type:	Amount:

Personal Expense Tracker

Month:			Year:
Date:	Description Of Expense:	Payment Type:	Amount:

Personal Expense Tracker

Month:			Year:
Date:	Description Of Expense:	Payment Type:	Amount:

Personal Expense Tracker

Month: | **Year:**

Date:	Description Of Expense:	Payment Type:	Amount:

Personal Expense Tracker

Month: | **Year:**

Date:	Description Of Expense:	Payment Type:	Amount:

Personal Expense Tracker

Month: | **Year:**

Date:	Description Of Expense:	Payment Type:	Amount:

Personal Expense Tracker

Month:		Year:	
Date:	Description Of Expense:	Payment Type:	Amount:

Personal Expense Tracker

Month:			Year:
Date:	**Description Of Expense:**	**Payment Type:**	**Amount:**

Personal Expense Tracker

Month:			Year:
Date:	**Description Of Expense:**	**Payment Type:**	**Amount:**

Personal Expense Tracker

Month: **Year:**

Date:	Description Of Expense:	Payment Type:	Amount:

Personal Expense Tracker

Month:			Year:
Date:	Description Of Expense:	Payment Type:	Amount:

Personal Expense Tracker

Month:			Year:
Date:	**Description Of Expense:**	**Payment Type:**	**Amount:**

Personal Expense Tracker

Month:			Year:
Date:	Description Of Expense:	Payment Type:	Amount:

Personal Expense Tracker

Month:			Year:
Date:	**Description Of Expense:**	**Payment Type:**	**Amount:**

Personal Expense Tracker

Month:			Year:
Date:	Description Of Expense:	Payment Type:	Amount:

Personal Expense Tracker

Month: **Year:**

Date:	Description Of Expense:	Payment Type:	Amount:

Personal Expense Tracker

Month:			Year:
Date:	**Description Of Expense:**	**Payment Type:**	**Amount:**

Personal Expense Tracker

Month:			Year:
Date:	**Description Of Expense:**	**Payment Type:**	**Amount:**

Personal Expense Tracker

Month:			Year:
Date:	Description Of Expense:	Payment Type:	Amount:

Personal Expense Tracker

Month:			Year:
Date:	**Description Of Expense:**	**Payment Type:**	**Amount:**

Personal Expense Tracker

Month:			Year:
Date:	**Description Of Expense:**	**Payment Type:**	**Amount:**

www.ingramcontent.com/pod-product-compliance
Lightning Source LLC
Chambersburg PA
CBHW020552220526
45463CB00006B/2270